Cuidado Velocidad

Les dangers de la vitesse

INTRODUCTION	4
VITESSE ET CHOC	6
VITESSE : FACTEUR DECLENCHANT OU D'AGGRAVATION DE L'ACCIDENT	8
VITESSE INADAPTEE AUX VITESSES AUTORISEES OU AU-DESSUS	10
VITESSE, VISIBILITE, CONDITIONS METEO ET DENSITE DU TRAFIC	12
VITESSE ET GAIN DE TEMPS	14
VITESSE ET SITUATIONS D'URGENCE	15
VITESSES HARMONISEES	17
CEUX QUI ROULENT VITE ET LA TOLERANCE	19
ERREURS DE CONDUITE AUX VITESSES LEGALES ET ILLEGALES	20

VITESSE ET ALCOOL	24
VITESSE ET TRAÇABILITE	26
VITESSE ET FORMATION DES CONDUCTEURS	28
CONDUITE : CESSONS DE FLATTER L'AUTOMOBILISTE	32
L'AUTOMOBILISTE : UN ETERNEL OPTIMISTE	34
VITESSE ET PAYS LES PLUS SURS	37
VITESSE ET TENUE DE ROUTE	39
VITESSE, LIMITATIONS ET RADARS	40
COUT DES ACCIDENTS ET ARGENT RECOLTE PAR LES RADARS	44
CONCLUSION	47

Introduction

Dans les médias, sur internet, dans la presse écrite et encore plus dans la presse automobile, il est souvent sous-entendu que la vitesse ne serait pas un problème de sécurité sur nos routes (ou très peu important). En revanche, l'alcool au volant, le manque de vigilance des conducteurs, l'état des routes, la formation des conducteurs en auto-école, etc. sont autant de facteurs reconnus comme sources de danger. Ainsi, de façon non exprimée clairement, les automobilistes sauraient gérer leur vitesse et celle des autres de la façon la plus sûre qui soit, aussi bien aux vitesses autorisées qu'aux vitesses illégales. La vitesse serait un problème très peu important, voire pour certains inexistant, puisque nos voitures auraient une tenue de route bien meilleure que celles des années 70-80. On lit et on entend souvent que les radars seraient des « pièges à fric », sans efficacité pour réduire la gravité et la fréquence des accidents. Et pour certains, rouler à 65-70-80 km/h en agglomération, 100-110 sur nationale et 150-170 sur autoroute (voire davantage…), peut-être sous certaines conditions, ne serait pas un problème…

Formateur à la conduite automobile depuis un peu plus de 20 ans (formation initiale puis perfectionnement), et étant moi-même automobiliste (30 000 à 45 000 km par an, en trajets professionnels, 5 000 à 10 000 km en trajets personnels…) je voulais exprimer mon avis, mes réflexions, interpeller, sans pour autant m'autoproclamer « expert en conduite automobile ou en accidentologie », et en restant très humble.

Vitesse et choc

La vitesse devient un problème quand un véhicule en mouvement percute un autre véhicule en mouvement ou à l'arrêt (ou tout obstacle immobile). Plus la vitesse est élevée, plus le choc et les conséquences sont graves. Les conséquences du choc sur le corps dépendent essentiellement de la vitesse.

Ce choc peut arriver à tout moment, de façon imprévisible. Plus la vitesse est élevée, plus les « déformations » du corps du conducteur (et de ses éventuels passagers…) sont importantes et plus les dégâts occasionnés par le véhicule sont élevés.

La « vitesse au carré », ça vous rappelle quelque chose ? Tout véhicule en mouvement possède de l'énergie, appelée énergie cinétique, qui augmente comme le carré de la vitesse.

Cela signifie que si votre vitesse est multipliée par deux, l'énergie cinétique de votre véhicule est multipliée par quatre ; si votre vitesse est multipliée par trois, l'énergie cinétique de votre véhicule est multipliée par neuf ; si la vitesse de votre véhicule est multipliée par quatre, l'énergie cinétique est multipliée par seize ; etc.

De tout cela, il découle qu'avant un choc avec un obstacle fixe ou en mouvement, il est préférable que le conducteur ait eu le temps de freiner, très fort (ou d'effectuer un évitement, un « coup de volant » avec ou sans freinage…) pour diminuer la vitesse de son véhicule. Mais plus la vitesse est élevée, plus la distance parcourue est longue pour que le pied de l'automobiliste passe de l'accélérateur au frein (la distance parcourue pendant le temps de réaction dure en moyenne 1 seconde, parfois bien davantage…) Par exemple, quand un automobiliste roule à 130 km/h, s'il doit freiner brusquement et si son temps de réaction est d'une seconde, il va parcourir 36 mètres avant que ses freins agissent ! Parfois, l'automobiliste étant trop près de l'obstacle, ou roulant trop vite, il n'a pas le temps de freiner. Cela peut arriver à des vitesses légales ou illégales.

En conséquence, si les usagers motorisés de la route roulent à des vitesses moyennes plus élevées que les vitesses autorisées, en cas de choc, celui-ci sera plus grave. Autrement dit, quand les usagers de la route roulent en milieu urbain à 60-70-80 km/h au lieu de 50, en milieu extra-urbain à 100-105-110-120 au lieu de 80-90, ou sur autoroute à 140-150-160-170 (ou davantage…) au lieu de 130 ou 110, en cas de choc, celui-ci est plus violent, même aux vitesses autorisées ; et ce, quel que soit l'âge du véhicule pour un même choc (mêmes circonstances, même véhicule par exemple).

Vitesse : facteur déclenchant ou d'aggravation de l'accident

La vitesse excessive par rapport à une situation peut être le facteur principal (ou unique) qui va déclencher l'accident ou le facteur qui va aggraver l'accident, à la suite d'autres causes (alcool, manque de vigilance, non-respect des signalisations verticales et horizontales, surcharge du véhicule, pneumatiques manquant de pression ou trop lisses, etc.). Souvent, un accident est le résultat de plusieurs facteurs. Il peut-être parfois difficile de savoir si la vitesse a été un facteur déclenchant ou aggravant de l'accident. Des boîtes noires installées dans les véhicules, ou l'analyse des vidéos dans les villes ou sur les axes autoroutiers, permettraient peut-être de répondre à cette question.

La vitesse peut être le facteur unique ou principal qui déclenche l'accident, comme le démontrent plusieurs exemples :
- en milieu urbain, un automobiliste arrive trop vite à l'approche d'une intersection avec priorité à droite et un automobiliste « prioritaire » arrive sur sa droite[1]. Résultats : conducteurs presque indemnes, mais les deux voitures étaient bien « abîmées ».

---

[1] Selon le code de la route, seuls les trains sont véritablement « prioritaires »…

- un automobiliste en virage sur une voie « rapide » (exemple : « route pour automobiles », maintenant « route à accès réglementé » d'après la dénomination du code de la route). Le conducteur négocie trop vite le virage, alors que le revêtement de la route était encore mouillé (la pluie venait de s'arrêter quelques minutes auparavant…), sa voiture a effectué très rapidement un tour presque complet sur elle-même !
- des automobilistes, sous la pluie, vont tout droit à un rond-point dont le centre est engazonné, légèrement surélevé et entouré d'un trottoir.

Je suis toujours surpris de lire, sur internet ou dans la presse, des avis de personnes qui affirment que la vitesse ne peut jamais être un facteur déclenchant d'accident, mais seulement aggravant : comment peuvent-elles en être aussi sûres ?

Vitesse inadaptée aux vitesses autorisées ou au-dessus

Une des grandes difficultés de l'automobiliste est de toujours savoir adapter sa vitesse, dans le cadre des limitations, afin que sa vitesse ne devienne jamais une mauvaise surprise pour lui-même et pour les autres. Pourquoi, en dépassant les vitesses autorisées, saurait-il mieux adapter sa vitesse aux situations ? Le dépassement des vitesses serait une « baguette magique » qui améliorerait la gestion de la vitesse par l'automobiliste et donc sa sécurité ?

De très nombreuses fois, quand j'enseignais la conduite en auto-école, les jeunes me disaient, en agglomération : « Mais je ne vais pas trop vite, je suis à 50 km/h maxi ». Ils ne se rendaient pas toujours compte que leur vitesse, pour être capable de s'arrêter brusquement, était trop élevée par rapport à la visibilité qui ne portait pas loin devant eux, sur les côtés, à la distance du virage, à l'espace, etc.

Autres exemples d'allures trop élevées, dans le cadre des vitesses autorisées :

- véhicules trop près les uns des autres et roulant sur la voie de droite de l'autoroute à une allure trop élevée par rapport à plusieurs dizaines de véhicules qui s'insèrent à une vitesse lente… Résultat : coups de freins inutiles.

- allure trop élevée à l'approche d'une priorité à droite avec peu de visibilité.

- à une intersection avec un stop ou un cédez-le-passage, prise de décision prématurée de s'insérer dans le trafic…

Vitesse, visibilité, conditions météo et densité du trafic

Parfois, l'automobiliste va trop vite alors que sa visibilité est mauvaise : son regard ne peut pas porter loin devant lui et sur les côtés. Par exemple, en entrée de courbe, sur voie rapide, avant un tunnel, avant une priorité à droite, avant un sommet de côte, aux intersections, etc. En d'autres termes, il va trop vite par rapport à la distance qu'il lui faudrait pour s'arrêter à la limite de sa visibilité, notamment en courbe…

Quand il y a du brouillard, l'automobiliste va parfois trop vite, par rapport à la mauvaise visibilité et par rapport au fait que son regard ne peut pas porter loin. Ne voyant pas, ou mal, le paysage défiler, il est déconnecté de la sensation de vitesse.

Par temps de pluie, la vitesse n'est pas toujours adaptée à la mauvaise adhérence, à la densité du trafic, etc. Mêmes remarques pour la neige.

La nuit, même un automobiliste ayant une excellente vision, voit un peu moins bien. De plus, ce qu'il voit, indépendamment de la qualité de ses yeux, est moins visible : malgré ces deux inconvénients, voyant qu'il y a moins de monde sur la route, il « gère » en roulant parfois au-dessus des limitations de vitesse alors que ses feux de croisement éclairent à 30 mètres au minimum.[2]

Très souvent, les accidents les plus graves ont lieu alors que les conditions météorologiques, de visibilité, de qualité de la route et de conditions de trafic sont optimales : grand beau temps, pas ou très peu de nuages, grande ligne droite, excellente qualité du revêtement routier et densité de circulation faible.

En résumé, le beau temps et peu de trafic nous mettent en excès de confiance, nous roulons trop vite et nous nous mettons en danger.

---

[2] Sur autoroute, à 130 km/h, un automobiliste parcourt environ 36 mètres par seconde. Certes les feux de route éclairent à 100 mètres, mais il n'est pas toujours possible de les allumer.

Vitesse et gain de temps

Est-ce que le fait de rouler très vite (dans le cadre des limitations de vitesse ou au-dessus) est si utile ? Quelles en sont les raisons ? Pense-t-on au rapport gain de temps/risques pris et usures mécaniques supplémentaires, etc. ? Est-ce que le fait de rouler vite n'est pas la conséquence d'une mauvaise gestion de notre emploi du temps ?

Est-ce que le fait de rouler à 150 km/h au lieu de 130 engendre un important gain de temps de parcours ? Sur une distance de 100 km, à vitesse stabilisée, le gain est de seulement 6 minutes, pour une consommation supplémentaire variant de 1 litre à 1,5 litres aux 100 km, suivant les modèles de voitures. Dans la réalité, l'allure sur autoroute est rarement stabilisée et donc le gain de temps du fait de rouler à 150 km/h, de façon irrégulière est plus faible qu'une vitesse de 150 km/h, toujours stabilisée. La surconsommation due aux 150 km/h non stabilisés peut être élevée car les pressions sur l'accélérateur, pour passer de 130 (ou moins suivant le trafic) à 150 km/h sont consommatrices de carburant car irrégulières.

Vitesse et situations d'urgence

Est-ce qu'en respectant les vitesses autorisées, nous automobilistes, savons toujours bien anticiper les situations d'urgence ? Est-ce facile ? Est-ce que notre regard porte toujours suffisamment loin, sur les côtés et sur l'arrière, en vue de mieux anticiper les situations d'urgence (toujours dans le cadre des vitesses autorisées) ? Pour cette anticipation et ce regard qui porte au loin, sommes-nous meilleurs à des vitesses illégales ?

Une situation d'urgence est unique, il y a très souvent plusieurs facteurs qui parfois entraînent un accident plus ou moins grave. Pour certaines situations d'urgence, aux vitesses légales ou illégales, il faut freiner très fort, d'une façon adaptée à la situation, ce qui est loin d'être toujours le cas. Pour d'autres situations, il faut freiner très fort et donner un coup de volant (faire de l'« évitement »), plus ou moins prononcé, puis souvent remettre très vite les roues directrices comme elles étaient avant le coup de volant. Parfois encore, il faut tourner brusquement le volant sans freiner. Il se peut aussi que le conducteur soit obligé de faire d'autres actions…

Pour ces mêmes situations, à des vitesses illégales, les automobilistes sauraient mieux freiner et tourner le volant, avec des conséquences de la même gravité ?

En fait, plus la vitesse est élevée (dans le cadre des vitesses autorisées ou au dessus), plus la gestion de la situation d'urgence est « difficile » et « irrattrapable » et les conséquences dangereuses pour le conducteur et les autres usagers de la route.

Vitesses harmonisées

Sur tous les réseaux routiers, le danger vient de la différence de vitesse entre les usagers de la route. Dans le domaine ferroviaire, la problématique est la même : les TGV pouvant rouler jusqu'à environ 300 km/h sont sur des voies spécifiques et ne sont pas mélangés aux voies « classiques » où les trains roulent au grand maximum à 200 km/h.

Exemple non lié à la route : quand les gens font leurs courses pendant les soldes et qu'il y a beaucoup de monde, tout le monde marche doucement, les vitesses de ces « piétons » sont harmonisées…

Sur les routes et autoroutes, le danger arrive lorsqu'il y a une grande différence de vitesse entre véhicules. Quelques exemples :
- embouteillages ou travaux sur autoroutes. Un automobiliste arrive trop vite, freine tardivement et percute une ou plusieurs voitures roulant moins vite…
- un automobiliste roule à 110-120 km/h, voire davantage, sur une route départementale ou nationale et heurte la voiture de devant roulant à 80 km/h, après un sommet de côte par exemple…
- un conducteur de camion change de file en force sur autoroute, et oblige l'automobiliste qui le suit

(qui respecte ou pas les limitations de vitesse) à freiner très fort s'il veut éviter le choc…

Vous me direz peut-être qu'une voiture sans permis, roulant à 45 km/h au maximum du fait de sa construction, sur route nationale, pourra surprendre dangereusement les automobilistes. Mais dans une des pires hypothèses, elle les obligera peut-être à freiner et le choc aura peut-être lieu à une vitesse relativement faible.

Les limitations de vitesse, si elles étaient davantage respectées, par exemple sur nationales et départementales, éviteraient de nombreux dépassements (c'est une des utilités des limitations de vitesse), qui sont déjà dangereux aux vitesses légales (dépassements, rabattements, etc.), et le deviennent davantage aux vitesses illégales. Plus d'une fois, en respectant le 90 km/h puis le 80 km/h, j'ai été dépassé très dangereusement. Si j'avais roulé à 110 km/h, j'aurais aussi pu être dépassé dangereusement, avec des conséquences, en termes de violence du choc, plus graves qu'à 90 km/h.

Ceux qui roulent vite et la tolérance

Avant 2002, année d'implantation massive des radars, quand mes élèves conduisaient en respectant les limitations de conduite, de très nombreuses fois, des usagers de la route se rapprochaient de nous, en nous « collant », en espérant nous faire aller plus vite, parfois nous faisaient des appels de phares, des gestes obscènes, nous insultaient, etc. À partir de 2002, j'ai beaucoup moins observé ces phénomènes. Certains usagers de la route ont dû comprendre qu'à cause des radars nous étions « obligés » de respecter les limitations de vitesse. J'ai observé ces mêmes phénomènes en conduite personnelle. Ces « partisans » d'une vitesse élevée (dans le cadre des limitations ou au-dessus), peuvent créer du stress et de l'énervement, inciter l'automobiliste « lent » à rouler vite, ce qui peut le rendre mal à l'aise (entre autres de rouler vite alors qu'il n'en a pas l'habitude) et, en définitive, créer des situations dangereuses et potentiellement créatrices d'accident. J'avoue avoir du mal à comprendre ces « Je veux rouler très vite » « Va plus vite ! » « Dégage ! ». Ils défendent mal leur « cause » : la vitesse élevée et non contrôlée !

Erreurs de conduite aux vitesses légales et illégales

Comme évoqué au premier chapitre, la vitesse inadaptée peut provoquer un choc contre un usager de la route (véhicule motorisé ou pas, piéton), en mouvement ou pas, ou contre un obstacle fixe. Une vitesse inadaptée peut aussi créer une perte d'adhérence avec choc contre des usagers de la route, ou des obstacles…

Au volant, nous conduisons tous en faisant des erreurs, y compris l'auteur de ces lignes ! Si ce n'est que j'essaye de les analyser après coup pour en tirer des enseignements, pour en faire profiter mes élèves (quand j'étais moniteur auto-école), mes stagiaires, et prochainement mes enfants (ils effectueront la conduite accompagnée). Et aussi, sans faire d'erreurs à proprement parler, nous sommes parfois dans des conditions physiques et psychologiques qui sont « dégradées » et rendent difficile la concentration idéale liée à la conduite.

Je vous propose un « catalogue » des erreurs de conduite et des états « dégradés » du conducteur dans le cadre des vitesses autorisées, qui sont souvent observées et constatées.

Erreurs de conduite :

- manque d'anticipation ;
- non-respect des feux rouges, de l'arrêt au stop, des lignes continues ;
- non-respect de l'ordre de passage (alternat de circulation fixe ou temporaire) ;
- non-respect des piétons traversant très correctement (malheureusement ce n'est pas toujours le cas) ou pas… ;
- pas assez d'espace de sécurité latéral avec le cycliste, le piéton, etc. ;
- non-respect des distances de sécurité ;
- maintien sur la voie de gauche ou du milieu sur l'autoroute, alors qu'il est possible de rouler à droite ;
- changements de file en tournant trop vite le volant ;
- insuffisance des coups d'œil dans les rétroviseurs et les angles morts ;
- oubli des clignotants ;
- dépassements et rabattements dangereux ;
- mauvais placements sur la chaussée, en courbe, en ligne droite, etc. ;
- engagement en force au passage à niveau avec le train en approche ;
- manœuvres de stationnement dangereuses, par exemple pour se garer à contresens de la circulation.
- marche arrière trop rapide…
Et bien sûr :

- vitesse inadaptée par rapport aux conditions de circulation, à l'étroitesse de la rue, à la présence de piétons, etc. ;
- le fait de passer du temps à téléphoner, à composer des numéros, des SMS, à changer l'adresse du GPS en roulant, etc. ;
- etc.

États dégradés du conducteur :

- stress pour diverses raisons, retard pour aller au travail, soucis familiaux, de santé, etc. ;
- fatigue plus ou moins importante ;
- « distracteurs » : téléphone, SMS, changement d'adresse du GPS avec véhicule en mouvement, visionnage de films en conduisant, etc. ;
- médicaments, alcool et drogues ;
- envie de frimer, d'épater ses passagers ou les autres usagers de la route, etc. ;
- excès d'optimisme… ;
- etc.

Et je n'ai pas évoqué la « santé » mécanique du véhicule qui n'est pas toujours optimale, notamment la pression et l'état des pneumatiques, l'état des systèmes de freinage, des suspensions, des amortisseurs, la propreté des vitres, etc.
Tous ces « problèmes » d'erreurs de conduite, d'état du conducteur et du véhicule seraient moins présents à des vitesses illégales et auraient des

conséquences moins graves ? Tout irait bien mieux avec la « baguette magique » des vitesses élevées et illégales ?

Vitesse et alcool

Un des effets de la conduite sous l'emprise de l'alcool est la désinhibition : le conducteur alcoolisé est moins « timide », il « ose » ! Donc, il va rouler plus vite qu'habituellement. Cela a été prouvé par des études scientifiques. Cela va se cumuler avec les autres effets de l'alcool : champ de vision rétréci, temps de réaction augmenté (notamment si devant lui des usagers de la route freinent…), moindre sensibilité à la couleur rouge, etc.

Qu'est-ce qui est moins dangereux pour les autres et lui-même ? On pourra m'objecter, à juste titre, qu'il serait souhaitable qu'il ne conduise pas du tout ! Les risques seraient-ils moindres si ce conducteur s'inscrivait dans un flot de circulation qui roule bien au-dessus des limitations de vitesse ou qui les respecte ? J'en reviens toujours à la violence du choc lié à la vitesse. Celui-ci est plus violent à 70 km/h qu'à 50 km/h, à 110 qu'à 80, à 150 qu'à 130 km/h, etc. Mes questions et mes réponses sont valables pour les conducteurs sous l'emprise de drogues, de médicaments ou de fatigue. On pourra m'objecter aussi que les degrés de dangerosité ne sont pas les mêmes. C'est vrai. Mais dans le cas d'un conducteur dont l'état de concentration nécessaire pour la conduite est « dégradé » (par l'alcool, les drogues, les médicaments, la fatigue, etc.), vaut-il mieux qu'il soit contraint de rouler aux vitesses autorisés par le flot de circulation (hypothèse où celui-ci respecte les limitations de vitesses) ou qu'il roule bien au-dessus ?

Certains experts auto-proclamés, en accidentologie routière et en conduite automobile, déclarent que, parce que l'alcool au volant est une des causes très importantes d'accident (avec le manque de vigilance, la formation des conducteurs, etc.), la vitesse n'est pas une cause d'accident. Je suis toujours surpris de leurs certitudes.

Vitesse et traçabilité

Accès aux données - chiffres des assureurs entre autres - mise en réseau des fichiers

Les chiffres liés à la vitesse existent. Seulement, ils sont difficiles à obtenir et souvent ils ne sont pas communiqués.

Par exemple, les assureurs ne communiquent pas directement et ouvertement sur la fréquence et la gravité des accidents des versions les plus puissantes des voitures de leurs clients. Mais, sur certains sites consacrés aux assurances, il est clairement stipulé que la puissance du véhicule entre en ligne de compte dans la détermination du prix qu'ils vont proposer à leurs clients. En effet, les assureurs se sont aperçus que les versions les plus puissantes (donc les plus rapides en vitesse de pointe) des voitures vendues en France, avaient davantage d'accidents. Comme par hasard ! Et ce ne serait pas lié du tout à la vitesse ?

J'espère qu'à l'avenir les assureurs communiqueront beaucoup plus publiquement et précisément sur le lien entre puissances des véhicules et accidentologie (fréquence, gravité, vitesses maximales des véhicules, vitesse au moment de l'accident, causes de l'accident, etc.) à des fins d'information et de communication (presse, média, grand public), de recherche, pour des raisons commerciales (réduire les primes d'assurances pour les véhicules les moins puissants...) et pour contribuer à de meilleures formations des usagers de la route.

De plus, à la suite des accidents de la route, les dossiers des services de secours, des forces de l'ordre, des constructeurs (dans l'hypothèse de boîtes noires à l'avenir) et des assureurs devraient davantage être mis en réseaux, être connectés. Ces structures devraient davantage travailler ensemble pour améliorer leurs connaissances sur les causes d'accident et leur gravité, les lieux, le type de voirie (par exemple nationales, départementales, en ligne droite ou en courbe, ou en intersections, etc.), les types de véhicules impliqués, leur puissance, les conséquences, etc.

Je pense que ces données mériteraient vraiment d'être communiquées plus largement, d'être étudiées, de faire l'objet de recherches, afin de mieux connaître, entre autres, les causes d'accident, les liens puissance du véhicule-sinistralité-vitesse survenue au moment de l'accident-coût de l'assurance, etc.

Vitesse et formation des conducteurs

Pour certains (notamment les journalistes de la presse automobile et les experts auto-proclamés des causes des accidents et des moyens de les résoudre), la cause principale des accidents (et largement devant toutes les autres causes) serait que la formation des automobilistes en auto-école[3] serait complètement inefficace et inadaptée, face aux vrais dangers de la route que sont les situations d'urgence qui ne seraient pas abordées, ainsi que d'autres situations de conduite.

Justement, est-il si facile d'aborder l'apprentissage des situations d'urgence, qui très souvent sont uniques ? Quels messages veut-on faire passer aux jeunes (et aux autres...) ? Le message : « Tu sauras toujours ce qu'il faut faire dans les situations d'urgence car tu as été bien formé » ? Or, peut-on être formé à toutes les situations d'urgence ? À des vitesses légales ou illégales ? Cela ne risque-t-il pas de créer un excès de confiance ? Autre message : « Évite de te mettre dans les situations d'urgence » par des distances de sécurité respectées, par l'anticipation, par une allure adaptée et respectueuse

---

[3] Pour la France et tous les pays où il faut suivre une formation en auto-école (il existe des pays où il n'est pas toujours nécessaire de passer par ces établissements).

des limitations de vitesse, par les respects des feux, des stops, de la signalisation, etc. ou encore « Sois pessimiste et imaginatif ! »

En d'autres termes, une bonne gestion des situations d'urgence ne relève-t-elle que de la formation ou que d'un état d'esprit ? Pessimisme, imagination au service de la sécurité, etc. ou des deux ? Et dans quelles proportions ?

Le problème, déjà évoqué, est que les fichiers et dossiers d'accident n'étant pas connectés entre les différentes structures (auto-écoles, centres de formation des conducteurs de poids-lourds, d'autocars, de motards, forces de l'ordre, justice, assurances, services de secours, hôpitaux, cliniques, préfectures, instituts de recherche sur les transports, etc.), nous manquons d'informations sur les liens entre formation des conducteurs et accidentologie. En d'autres termes, nous ne savons pas assez si l'accident d'un automobiliste (ou du motard, ou du conducteur de camion, de bus, d'autocar) est dû à un déficit de formation ou pas… Et si déficit de formation il y a, dans quels domaines ? Est-ce facile à prouver ? Le conducteur n'a pas été assez formé ou informé de quels dangers de la route ?
Plus généralement, beaucoup de questions concernant le lien entre formation des automobilistes (et autres usagers de la route nécessitant un permis de conduire d'autres catégories) et accidentologie, res-

tent inconnues, ou confinées entre les mains d'un petit cercle de connaisseurs (chercheurs en accidentologie, formateurs de moniteurs d'auto-écoles, ministères, etc.).

Quelques exemples de questions :

- Les « bons élèves » en auto-école qui réussissent l'examen pratique de conduite du premier coup ont-ils plus ou moins d'accidents que les autres ? (fréquence, gravité, circonstances, etc.)

- Pourquoi chez les 18-25 ans, les jeunes femmes ont-elles moins d'accidents que les jeunes hommes ? Sont-elles mieux formées ? Ou ont-elles une autre vision des risques de la route ?

- Chez les jeunes de 18-30 ans, ceux qui ont eu des accidents avec des voitures puissantes, avaient-ils réussi l'examen pratique (de conduite) du premier coup ?

- Les jeunes qui ont suivi la conduite accompagnée ont-ils moins, autant ou davantage d'accidents que les autres ?
- Est-ce que les jeunes ont plus d'accidents car ils ne connaissent pas les règles de sécurité au volant ? Ou veulent-ils délibérément (et peut-être aussi inconsciemment…) ne pas les respecter ?

En auto-école, comment faire comprendre aux jeunes que les causes principales d'accidents sont : la vitesse inadaptée, l'alcool, l'usage des téléphones et des écrans ? Est-ce facile ?

Conduite : cessons de flatter l'automobiliste

L'opinion qui consiste à dire que les limitations de vitesses et les radars ne serviraient à rien et seraient même contreproductifs revient à affirmer que les automobilistes conduiraient avec toujours un maximum de sécurité aux vitesses légales, et qu'ils sauraient toujours adapter leur vitesse (dans le cadre légal…) à la situation, à la visibilité, aux dangers, aux autres usagers de la route, avec des états physique, mental et de concentration optimaux (avec en plus un véhicule en parfait état…), etc. Donc, étant « parfaits » aux vitesses légales en termes de sécurité et surtout en termes d'allure adaptée aux situations, pourquoi devraient-ils respecter les limitations de vitesse ? Avec ce type d'opinion, à vouloir en faire la propagande, les automobilistes (et les autres usagers de la route) sont incités à conduire au-dessus des limitations de vitesse et cela crée chez eux un sentiment d'excès de confiance sur leurs capacités au volant qui existe déjà aux vitesses légales.

Que souhaitent ceux qui véhiculent cette opinion sur la prétendue inutilité des limitations de vitesses et les radars ? Y aurait-il d'autres raisons ?

Peut-être faire croire aux automobilistes (et aux autres usagers de la route) que les limitations et les radars seraient inadaptés, « piégeux » et donc les limitations ne seraient pas « respectables », et ne devraient pas être respectées ? N'y a-t-il pas confusion entre l'acceptation des limitations de vitesses par les usagers de la route et leur efficacité sur la gravité et la « création » des accidents ? Que veulent les partisans de « moins de limitations-moins de radars » ? (il y a aussi ceux qui ne veulent aucune limitation de vitesse et aucun radar) Ils voudraient que les automobilistes puissent rouler à 70-80 km/h en ville, 110-120 km/h sur route et 160-190 km/h sur autoroute (voire davantage ?) ? Ou que cela soit parfois autorisé ?

L'automobiliste : un éternel optimiste

L'automobiliste est un éternel optimiste, aux vitesses légales près ou loin de chez lui[4]. Voici quelques exemples :

- aucun usager de la route devant lui ne peut freiner plus fort que prévu pour tourner ou pour toute autre raison. Donc il n'est pas nécessaire de respecter les distances de sécurité !

- tous les usagers de la route respectent les feux rouges, les stops et les cédez-le-passage, donc ce n'est pas la peine de regarder sur les côtés (à des vitesses légales ou illégales) lors des franchissements d'intersections et de modérer son allure (depuis une vitesse légale ou illégale) en phase d'approche de l'intersection.

- il peut couper les virages sans visibilité puisque personne n'arrivera en face !

- il n'a pas besoin de se méfier d'un automobiliste qui vient d'un autre pays ou d'un autre département que le sien, et qui hésite un peu, puisque les auto-

---

[4] Déjà aux vitesses légales et la majorité des accidents a lieu à 15 km autour de chez lui.

mobilistes de tous les départements et du monde entier connaissent les routes qu'il prend habituellement !

- il n'a pas besoin de se méfier du conducteur de camion ou d'autocar qui tourne, car jamais ô grand jamais il n'osera se déporter !

- sur autoroute, en cas de travaux, en cas de réduction de voie, il pourra attendre le dernier moment pour changer de voie, ce ne sera jamais dangereux, il ne surprendra personne…

- sur autoroute, l'été, aucun pneumatique ne peut éclater, c'est complètement impossible !

- sur voie rapide, étant sur la voie de droite, devant lui il voit une voie d'insertion particulièrement courte, mais bien sûr, si un automobiliste s'insère, son allure ne sera jamais une gêne…

- il n'a pas besoin de se ranger sur le côté quand il voit derrière lui un véhicule d'urgence arriver rapidement, puisqu'il y aura bien des automobilistes pour lui faciliter le passage !
- en agglomération, lorsque les passagers d'un bus descendent, il n'y a jamais de mauvaises surprises, puisqu'ils ne traversent jamais n'importe comment, devant ou derrière le bus.

- sur une route étroite, il n'a pas besoin de se serrer sur le côté, car l'autre en face le fera (pour les deux ?)

- quand il sort d'un stationnement, même sans aucune visibilité sur les côtés, il peut le faire rapidement (y compris en marche arrière) puisque personne n'arrivera !

- le véhicule auto-école ne freinera jamais trop fort, l'élève ne fera pas d'erreurs entre sa gauche et sa droite, se placera toujours bien sur la chaussée, ne « sautera » jamais des vitesses, aura toujours des bonnes trajectoires, etc.

Je pourrais multiplier les exemples !

En ce qui concerne l'automobiliste, la majorité des accidents qui le concernent surviennent pendant des trajets connus et quotidiens sur des routes qu'il connaît « par cœur » autour de chez lui. La connaissance des lieux n'est donc pas un facteur de sécurité, c'est même le contraire, il est en « déficit de concentration et de vigilance », car il pourrait conduire les yeux « fermés » ! Et dans ce même environnement autour de chez lui, qu'il connaît, s'il était en mode « je roule vite » (souvent au-dessus des limitations de vitesse), comme par hasard, il ne serait plus du tout en « déficit de concentration et de vigilance » et serait moins dangereux ?

Vitesse et pays les plus sûrs

Quels sont les pays dont les routes sont les plus sûres ? Par rapport à quelles données ? Décès pour 100 000 habitants, pour 1 million d'habitants, ou pour 1 milliard d'habitants (également nombre de tués au km parcouru…)
En général, quel que soit le type de données et de chiffres choisi, les pays les plus sûrs du monde sont les pays scandinaves, les Pays-Bas, le Royaume-Uni et la Suisse. Les limitations (ou les vitesses pratiquées…) dans ces pays sont similaires à celles de la France, et le nombre de radars est en général important (en proportion par rapport au nombre d'automobilistes ou en nombre), voire plus important qu'en France (ou parfois les vitesses sont respectées avec assez peu de radars). L'Allemagne est un pays assez sûr, mais ne fait pas partie des trois premiers. Concernant ce pays, il est impossible (ou très difficile) d'avoir les statistiques liées aux accidents sur les portions d'autoroute où la vitesse est illimitée.

En Suisse, pays parmi les plus sûrs au monde sur la route, comme par hasard, les avertisseurs de radars, même dans une valise, même éteints, sont interdits. Et dans ce pays, comme dans certains pays scandinaves, les amendes pour excès de vitesse sont liées aux revenus des contrevenants.

Par exemple, en 2010, pour un dépassement de 40 km/h au-dessus de la limitation de vitesse, au volant d'une Ferrari, un millionnaire a dû payer une amende d'environ 200 000 € !

Vitesse et tenue de route

Les voitures ont des meilleures tenues de route, elles « tiennent » mieux la route en virage, elles freinent mieux et plus puissamment qu'il y a 30 ans, mais en cas de perte d'adhérence, de freinage absent ou tardif, la violence du choc à des vitesses illégales, pour les mêmes circonstances de choc qu'à des vitesses légales, sera plus importante et les conséquences plus graves pour les corps du conducteur, des passagers, des piétons, etc. Certes, les voitures les plus récentes « protègent » un peu mieux en cas de choc, mais nos corps, nos os, nos muscles, nos cerveaux ne sont pas plus solides que ceux de nos parents et de nos grands-parents !

Cette qualité de tenue de route, notamment une bonne qualité d'adhérence en courbe et un freinage puissant, peut augmenter l'excès de confiance déjà présent chez l'automobiliste.

Vitesse, limitations et radars

La vitesse, nous l'avons vu, inadaptée, excessive dans le cadre légal ou au dessus, est dangereuse. S'il y a peu ou pas de radars, les vitesses ne sont pas respectées, les automobilistes (et les autres usagers motorisés) roulent donc plus vite, et en cas de choc contre un obstacle fixe ou en mouvement, celui-ci est plus violent qu'à des vitesses légales (pour exactement le même type d'accident, de choc, avec le même type de véhicule…). Les limitations seules, s'il n'y a pas de radars (ou peu), ne sont pas respectées, ou rarement. Donc, les vitesses moyennes sont assez élevées. Autrement dit, moins vous croiserez de radars sur votre route, plus vous serez tenté de rouler au-dessus des vitesses autorisées… Et plus vous le ferez ! Et cette vitesse moyenne plus élevée va augmenter la fréquence et la gravité des accidents. Cela a été prouvé par les scientifiques Nilsson et Elvick.

(Références (en anglais))
Nilsson, G. (2004). *Traffic safety dimensions and the power model to describe the effect of speed on safety.* Lund Bulletin 221. Lund Institute of Technology, Lund. http://www.lub.lu.se/luft/diss/tec_733/tec_733.pdf
Elvik, R., Christensen, P. & Amundsen, A. (2004). *Speed and road accidents: An evaluation of the Power Model.* TØI Report 740/2004. Institute of Transport Economics TØI, Oslo. https://www.toi.no/publications/speed-and-road-accidents-an-evaluation-of-the-power-model-article17882-29.html
Elvik, R. (2009). *The Power Model of the relationship between speed and road safety: update and new analyses.* TØI Report 1034/2009. Institute of Transport Economics TØI, Oslo. https://www.toi.no/publications/the-power-model-of-therelationship-between-speed-and-road-safety-update-and-new-analyses-article27943-29.html
1 Institut National Suédois de Recherche sur la Route et les Transports (VTI).
2 Institut d'Economie des Transports, Centre Norvégien de Recherche sur les Transports (TØI).)

L'installation massive des radars en France (en 2002) a réduit la vitesse moyenne des usagers de la route et donc la gravité des accidents (chocs moins violents car ayant eu lieu à des vitesses inférieures). Peu ou pas de radars signifie pour les pouvoirs publics qu'il n'est pas grave du tout que les automobilistes (et les autres usagers de la route) ne respectent pas les limitations de vitesse. Cela signifie aussi que les limitations de vitesse ne sont pas très utiles, trop basses, etc. Ces « messages », les automobilistes les intériorisent et les acceptent très vite.

Le radar, c'est comme la limitation de vitesse : il faut distinguer deux choses. Son efficacité sur la gravité des chocs, des accidents et son acceptabilité sociale. En d'autres termes, ce n'est pas parce qu'une limitation de vitesse (ou l'implantation de tel ou tel radar) n'est pas acceptée par une majorité de la population, qu'elle n'est pas efficace. Typiquement, les 80 km/h, sur les routes sans séparateur central, nous confrontent à la même question. Au risque de me répéter, pour deux accidents identiques, contre obstacle fixe ou en mouvement, le choc à 90 km/h avec freinage (même appui sur la pédale de frein pour les deux vitesses) est plus violent qu'à 80 km/h. Celui qui prétendrait le contraire, je ne le comprendrais pas !

Quelle est la différence entre les radars et les accidents de la route ? Les accidents de la route sont payés par tous les français imposables (et pour les autres via des taxes…) qu'ils aient ou pas des véhicules motorisés. Les amendes des radars sont payées seulement par ceux qui ont des véhicules motorisés, et parmi eux, ceux qui très souvent ne respectent pas les limitations de vitesse.

Coût des accidents et argent récolté par les radars

Certains usagers de la route, certains journalistes (qui se servent de leurs magazines et de leurs sites internet pour faire de la propagande en faveur de la vitesse élevée et sans contrôle), certains avocats, certains anciens pilotes automobiles, (et beaucoup d'autres, la liste est longue…) se soucient de l'argent récolté par les radars, ce qui est démocratiquement respectable et légitime. Mais ils ne parlent que de cela (ce qui est aussi leur droit), et ils oublient complètement de mettre en face le coût des accidents pour les finances publiques et privées (coût pour les assurés et les assureurs, coût pour les entreprises en termes de difficultés de production, de réaménagement de postes, d'appel à de l'emploi intérimaire, coûts directs et indirects, etc.).

Plaçons-nous en comptabilité d'entreprise pour les finances publiques, avec d'un côté les recettes, l'argent récolté par les radars (fixes, mobiles) et autres amendes pour autres infractions et délits routiers (franchissement de feux rouges, de ligne continue, stationnement dangereux, etc.) et, de l'autre côté, les dépenses pour les seules finances publiques liées aux accidents de la route (forces de l'ordre, pompiers, SAMU, entretien des routes, hospitalisations, opérations médicales et chirurgicales, rééducations, orthopédie, etc.). Et je ne compte pas les dépenses engagées par le secteur privé (pertes de productivité pour les entreprises, frais pour les assurances, frais de réaménagement d'habitats ou d'entreprises pour les personnes en fauteuil roulant à la suite d'accidents de la route, etc.).

Si on en croit le site du journal « Les Échos » en date du 9 janvier 2018, pour l'année 2016, le coût des accidents est de 38,3 milliards d'euros, dont 22 milliards pour les hospitalisations. D'après le ministre de l'Intérieur, en 2016, les radars ont rapporté à l'état un peu moins d'1 milliard d'euros (920 344 041 € exactement.). Ce qui signifie que le coût des accidents n'est pas du tout couvert par l'argent récolté par les radars.

Je souhaiterais que l'État communique beaucoup plus précisément (en distinguant bien les coûts pour le secteur privé) et publiquement sur le coût des accidents de la route pour les finances publiques. Et je souhaiterais que toutes les structures publiques ou privées (par exemple pompiers, forces de l'ordre, entretien des routes, ambulances hospitalières et privées, hélicoptères de sociétés privées assurant des vols médicaux pour les SAMU-SMUR, sociétés de dépannage pour dégager et remorquer les véhicules accidentés, etc.) informent très précisément et publiquement, via le gouvernement de ce que les accidents coûtent aux finances publiques.

D'après un article du magazine économique Capital d'août 2003 consacré aux coûts des accidents de la route, pour l'année 1999 le coût d'un accident est l'équivalent d'un prélèvement annuel de 1300 € par ménage (ensemble des personnes vivant dans le même logement). En 2019, comme il y a eu moins de tués sur nos routes qu'en 1999, le prélèvement annuel est peut-être de 1000 €... Tous les usagers de la route ne payent pas 1000 € de PV par an pour excès de vitesse ou autres infractions et délits routiers. Donc qu'est-ce qui coûte le plus cher aux contribuables, l'argent récolté par les radars ou les accidents de la route ? Réponse : les accidents de la route ! En ayant à l'esprit que tous les contribuables ne sont pas automobilistes, motards, conducteurs de cars, etc. Ceux qui le sont, ne se font pas toujours « flasher » par les radars…

Conclusion

Tant que la vitesse sera trop souvent inadaptée aux situations (notamment par rapport à notre visibilité et à notre distance d'arrêt potentielle sur l'étendue limitée de notre visibilité…), tant que nous commettrons beaucoup d'erreurs de conduite, tant qu'il y aura des chocs, la vitesse demeurera trop souvent dangereuse, plus encore si les limitations de vitesse sont très peu respectées et contrôlées, car les vitesses moyennes seront plus élevées. Ce contrôle de la vitesse, en lien avec les limitations, réduit la gravité des accidents liés aussi à d'autres causes tel que le manque de vigilance (dont l'usage du téléphone au volant…), les accidents liés à l'alcool, aux drogues, aux médicaments, au non-respect de la signalisation verticale et horizontale, etc. Ce n'est pas de la « bien-pensance » du politiquement correct, etc. Gardons à l'esprit que nos corps sont aussi fragiles que ceux des générations précédentes ! Que nos voitures ne nous « protègent » que très moyennement, et que ce sentiment de protection de notre voiture peut nous inciter à rouler trop vite.

© Cuidado Velocidad - 2019

Le Code de la propriété intellectuelle interdit les copies ou reproductions destinées à une utilisation collective. Toute représentation ou reproduction intégrale ou partielle faite par quelque procédé que ce soit, sans le consentement de l'Auteur ou de ses ayants cause est illicite et constitue une contrefaçon sanctionnée par les articles L335-2 et suivants du Code de la propriété intellectuelle.

Les dangers de la vitesse
Ouvrage édité à compte d'auteur
par Cuidado Velocidad

Édition : BoD-Books on Demand,
12/14 rond-point des Champs-Élysées
75008 Paris, France
Imp : BoD-Books on Demand, Norderstedt, Allemagne
ISBN : 978-2-322-12730-6
Dépôt légal : janvier 2019